UNIVERSITÉ DE PARIS
FACULTÉ DE THÉOLOGIE PROTESTANTE

# LA
# PRÉDESTINATION CHEZ CALVIN

## Étude comparative et critique

# THÈSE

PRÉSENTÉE A LA FACULTÉ DE THÉOLOGIE PROTESTANTE DE PARIS

POUR OBTENIR LE GRADE DE BACHELIER EN THÉOLOGIE

*et soutenue publiquement le 27 Juillet 1901, à 10 heures*

PAR

## Arthur SAVARY

PARIS

IMPRIMÉ PAR LES SOURDS-MUETS (J. WITSCHY)

111<sup>ter</sup>, RUE D'ALÉSIA

1901

## FACULTÉ DE THÉOLOGIE PROTESTANTE

# LA

# PRÉDESTINATION CHEZ CALVIN

### Étude comparative et critique

# THÈSE

PRÉSENTÉE A LA FACULTÉ DE THÉOLOGIE PROTESTANTE DE PARIS

POUR OBTENIR LE GRADE DE BACHELIER-EN-THÉOLOGIE

*et soutenue publiquement le 27 Juillet 1901, à 10 heures*

PAR

## Arthur SAVARY

PARIS

IMPRIMÉ PAR LES SOURDS-MUETS (J. WITSCHY)

111ter, RUE D'ALÉSIA

1901

## UNIVERSITÉ DE PARIS

## FACULTÉ DE THÉOLOGIE PROTESTANTE

*Examinateurs de la soutenance :*

M. EHRHARDT, Président de la soutenance.
MM. EHRHARDT,
    J. VIÉNOT,    } Examinateurs.
    MÉNÉGOZ,

La Faculté n'entend ni approuver ni désapprouver le
opinions du candidat.

Nᵒ 316

# OUVRAGES CONSULTÉS


Jean Calvin  :  *Institution de la religion chrétienne*, édition de Frank Baumgartner, Paris, 1888.

F. Lichtenberger : *Encyclopédie des sciences religieuses*, tome x, Paris, 1888.

Eugène Haag  :  *Histoire des dogmes*, Paris, 1862,

Ménégoz  :  *Cours de dogme.* (Inédit.)

Sabatier  :  *Cours de dogmatique.* (Inédit.)

# INTRODUCTION

---

§ 1. — Il est certains dogmes qui disparaissent de l'horizon théologique pour réapparaître lorsque les circonstances ont changé. C'est ainsi que la notion du Royaume de Dieu, qui formait le centre de la prédication du Christ, s'est trouvée effacée par les besoins immédiats auxquels l'Evangile devait répondre. De nos jours, elle reprend sa place, et nombreux sont les théologiens qui, depuis Ritschl, en font le centre de leur enseignement religieux.

D'autres dogmes qui ne faisaient doute pour personne pendant le moyen âge, subissent actuellement une éclipse jusqu'à ce que, peut-être, ils soient de nouveau mis en relief.

Parmi les dogmes à existence périodique, le plus fameux est celui de la prédestination. L'Eglise primitive paraît s'en être peu préoccupée; il s'agissait de conquérir le monde païen et non de faire de la métaphysique théologique; le succès était au prix d'un prosélytisme ardent incompatible avec la pure spéculation. Les martyrs, d'autre part, ne doutaient pas de leur salut et de la puissance de l'Evangile, dont la prédication était l'expression la plus immédiate de la volonté divine. Enfin, les premiers Pères théologiens étaient plus ou moins nourris de la philosophie grecque dont les prémisses, surtout dans Platon et le néoplatonisme, n'avaient que des rapports assez vagues avec le dogme de la prédestination. Origène, d'ailleurs, champion décidé du libre arbitre, avait, par sa grande influence, banni le prédestinatianisme de l'Eglise d'orient.

*<br>* *

§ 2. — Le dogme de la prédestination surgit presque subitement de la grande controverse d'Augustin contre Pélage. Sans vouloir entrer dans le fond de la question, il est certain que le pélagianisme faisait la part trop grande à la volonté humaine : c'était ouvrir la porte au salut par les œuvres et diminuer la gloire de Dieu d'autant; c'était, par une pente fatale, glisser peu à peu dans les œuvres seules, indépendamment de la part morale, et redonner, dans le christianisme, une place prépondérante au rite, aux sacrements, à l'opus operatum, etc... ainsi que l'Eglise romaine l'a bien prouvé. L'illustre Augustin pressentit ce danger et, combattant à outrance Pélage, lui opposa le dogme de la prédestination dans toute sa logique.

Au point de vue anthropologique, Augustin raisonne en affirmant que tous ont péché en Adam, et que, en conséquence du péché originel, la volonté de chaque homme est si complètement déchue qu'elle est incapable de la plus petite velléité de bien. Si donc, quelques uns sont sauvés, ce ne peut être que par une grâce inconditionnelle de Dieu. D'autre part, dit Augustin, l'attribut essentiel de la volonté divine, c'est l'irrésistible puissance; donc la vocation à salut que Dieu adresse au pécheur, vocation qui est d'un réel effet pour son salut, si l'homme y répond ; par conséquent, là où il n'y a pas de salut, c'est qu'il n'y a pas eu d'appel venant de Dieu. Gottschalk formula les conséquences de la doctrine de l'évêque d'Hippone en déclarant que les réprouvés étaient prédestinés à la perdition.

* *

§ 3. — Malgré la condamnation de Pélage par l'Eglise, malgré son approbation à la doctrine augustinienne, l'Eglise romaine retomba dans le pélagianisme, par celui-ci dans la valeur des œuvres, jusqu'à ce que, poursuivant la logique de son système, elle arrivât à l'abominable trafic des indulgences, ce qui eût été la ruine du christianisme, si Luther ne se fut élevé avec force contre cet abus. L'homme pouvait tout pour son salut, d'après Rome; Luther l'arrêta en disant : l'homme ne peut rien pour le salut, parce qu'il est un effet, non des œuvres, mais de la pure grâce divine. C'est dans son *De servo arbitrio* (1525) que l'illustre réformateur affirma sa thèse sur la gratuité du salut. Si la volonté divine éclaire les uns et aveugle les autres, c'est que, en définitive, tout dépend de la volonté de Dieu. Luther distingue dans la volonté divine une volonté révélée qui veut le salut de tous les hommes, et une volonté cachée qui dispense aux uns le salut, aux autres la perdition. La distinction est subtile et semble impliquer une contradiction. Le réformateur allemand insiste surtout sur la grâce à laquelle nous devons nous attacher, et comme cette grâce dépend de la parole de vie et des sacrements, développons ces moyens de salut.

Zwingle a, pour les mêmes causes que Luther, embrassé avec une impitoyable rigueur le dogme qui nous occupe. Calvin lui a donné sa formule implacable.

**

§ 4. — Par Calvin la prédestination prit droit de cité dans l'Eglise réformée où elle trouva sa formule définitive dans la *Formula consensus helvetica* (1674), en réponse à l'école de Saumur qui proclamait que l'homme avait la liberté d'accepter ou de refuser le salut offert gratuitement à tous. Malgré la Formula consensus, malgré les canons du *Synode de Dordrecht* (1618-1619), les attaques d'Arminius et d'Amyraut avaient porté juste, le dogme de la prédestination perdait du terrain, il passait à l'état latent. Ce mouvement s'accentua de plus en plus, il se continue encore. Cependant, les hommes du réveil, tels que : Tillotson et Witefield, en Angleterre, Malan, Merle d'Aubigné et Gaussen, en Suisse, se sont rattachés à ce dogme. Ils avaient été précédés par le grand Schleiermacher qui s'efforça de concilier le dogme de la prédestination et de la restauration finale; le dualisme entre les élus et les prédestinés n'est que passager, il ne concerne que l'économie actuelle et s'évanouira dans l'économie eschatologique.

**

§ 5. — Si nous avons rapidement esquissé l'histoire du dogme cher aux réformateurs, c'est pour mettre en relief les deux conclusions suivantes :

1° Le dogme de la prédestination a été accepté par les hommes qui ont exercé sur l'Eglise chrétienne l'in-

fluence la plus grande, la plus profonde et la plus
salutaire ;

2° Ce dogme est apparu aux moments où l'Eglise
risquait de tomber dans une dissolution de principes
fatale à son existence, ou tout au moins à son influence
morale.

C'est ce dogme qui a mis une digue au pélagianisme,
au mérite catholique des œuvres, au rationalisme des-
séchant du siècle passé.

Il serait donc puéril, quelles que soient l'antipathie ou
la sympathie que l'on a pour ce dogme, de nier sa haute
importance ; une étude de la prédestination est toujours
actuelle. C'est pourquoi nous l'avons pris comme sujet
de notre travail, posant pour base l'exposition du dogme
de la prédestination par Calvin.

CHAPITRE PREMIER

# LA PRÉDESTINATION CHEZ CALVIN

§ 6. — Ce n'est pas d'un seul jet que le dogme de la prédestination apparaît dans la théologie de Calvin. Il est facile d'en suivre le développement. Au début il se montra plutôt timoré et ne suivit qu'à distance ses deux illustres collègues, Luther et Zwingle. Mais le dogme de la prédestination est tout d'une pièce, à ce point que, lorsqu'on lui a fait une part, si petite soit-elle, il demande le tout; d'ailleurs, Calvin est dans sa méthode d'une logique inexorable, il fut donc entraîné jusqu'aux conséquences les plus absolues.

En 1536, le pieux réformateur fit paraître sa première édition de l'*Institution de la religion chrétienne* dans laquelle le dogme de la prédestination, au lieu d'être présenté *in corpore*, est à l'état de *disjecta membra* dans l'ouvrage. Les éditions successives de l'admirable dogmatique précisent et développent de plus en plus le redoutable dogme; enfin l'édition définitive de 1559 fixe exactement la pensée du réformateur (*Institutio religionis Christianæ nunc vere demum titulo suo respondens*)... En 1560, Calvin livra au public une édition revue et soignée par lui-même de son œuvre ; cette édition a été réédititée, avec tous les soins et toute la science convenables, en 1860, par Frank Baumgartner ; c'est cette édition que nous utiliserons.

Le dogme qui nous occupe comprend les chapitres XXI, XXII, XXIII et XXIV du livre III. C'est un chant de triomphe que ces quatre morceaux, un hymne à la gloire de Dieu, un poème qui fait frissonner par la terreur du sujet qu'il aborde, l'enthousiasme du style et la surprenante logique du penseur. Il se forme dans l'esprit comme un vague rapprochement entre Calvin et les conquérants. Ceux-ci sacrifient l'existence de leurs semblables à leur gloire, et Calvin sacrifie l'existence céleste des humains à la gloire de Dieu ; des deux côtés nous trouvons le même mépris du bonheur, de l'existence de la personnalité humaine.

*<br>* *

§ 7. — Calvin déclare que le dogme de la prédestination fait partie intégrante de la croyance chrétienne :
« Quiconque voudra estre tenu pour homme craignant
« Dieu, n'osera pas simplement nier la predestination,
« par laquelle Dieu en a ordonné aucuns à salut, et as-
« signé les autres à damnation eternelle. » (Liv. III, chapitre XXI, § 5.)

Non seulement elle doit être crue, mais prêchée et cela pour divers motifs : *a*) D'abord, pour mettre en relief la gloire de Dieu et l'humilité chrétienne : « Chacun
« confesse combien l'ignorance de ce principe diminue
« de la gloire de Dieu, et combien aussi elle retranche
« de la vraye humilité : c'est de ne point mettre toute la
« cause de nostre salut en Dieu seul. » (Liv. III, chap.

XXI § 1. *b*) Puis pour assurer la joie du chrétien quant à
son salut : « Qui plus est, en ceste obscureté qui les
effraye,« nous verrons combien ceste doctrine non seu-
« lement est utile, mais aussi douce et savoureuse au
« fruict qui en revient. Iamais nous ne serons claire-
« ment persuadez comme il est requis, que la source
« de nostre salut soit la misericorde gratuite de Dieu,
« jusques à ce que son election eternelle nous soit quant
« et quant liquide, pour ce qu'elle nous esclarcit par
« comparaison la grace de Dieu, en ce qu'il n'adopte pas
« indifferemment tout le monde en l'esperance de salut,
« mais donne aux uns ce qu'il denie aux autres.» (Liv. III,
chap. XXI, § 1.)

C'est une joie un peu égoïste et qui rappelle la satis-
faction qu'il y a à se sentir en terre ferme, alors qu'on
assiste à un naufrage. *c*) Nous préférons à ce motif,
celui que Calvin présente dans les paroles suivantes :
« D'autre part il y en a d'autres, lesquels voulans reme-
« dier à ce mal, s'efforcent quasi de faire que toute me-
« moire de la predestination soit ensevelie : pour le
« moins ils admonnestent qu'on se donne de garde de
« s'enquerir aucunement d'icelle, comme d'une chose
« perilleuse. Combien que ceste modestie soit louable,
« de vouloir qu'on n'approche des mysteres de Dieu,
« sinon avec grande sobrieté : toutesfois en ce qu'ils des-
« cendent trop bas, cela n'est point pour profiter envers
« les esprits humains, lesquels ne se laissent point brider
« si facilement. Pourtant afin de tenir icy bonne mesure,
« il nous faut revenir à la parolle de Dieu, en laquelle
« nous avons bonne reigle de certaine intelligence. Car
« l'Escriture est l'escole du sainct Esprit : en laquelle
« comme il n'y a rien omis qui fust salutaire et utile à

« cognoistre, ainsi il n'y a rien d'enseigné qu'il ne soit
« expedient de savoir. Il nous faut donc garder d'em-
« pescher les fideles d'enquerir ce qui est contenu en
« l'Escriture, de la predestination : afin qu'il ne semble
« ou que nous les vueillons frauder du bien que Dieu
« leur a communiqué, ou que nous veuillons arguer le
« sainct Esprit, comme s'il avait publié les choses qu'il
« estoit bon de supprimer. (Liv. III, chap. XXI, § 3.)

§ 8. — Une place dans la foi et dans l'enseignement
chrétien étant dûment assignée au dogme, Calvin le définit en des termes d'une terrible précision : « Nous
« appellons Predestination : le conseil eternel de Dieu,
« par lequel il a determiné ce qu'il vouloit faire d'un
« chacun homme. Car il ne les cree pas tous en pareille
« condition : mais ordonne les uns à vie eternelle, les
« autres à eternelle damnation. Ainsi selon la fin à la-
« quelle est creé l'homme, nous disons qu'il est predes-
« tiné à mort ou à vie. » (Liv. III, chap. XXI, § 5 )

C'est bien de la prédestination qu'il s'agit et non de la
prescience. Calvin, du reste, a soin de nous enlever toute
illusion à ce sujet : « Mais plusieurs l'enveloppent par
« diverses cavillations, et sur tous ceux qui la veulent
« fonder sur sa prescience. Or nous disons bien qu'il
« prevoit toutes choses comme il les dispose : mais c'est
« tout confondre, de dire que Dieu elit ou rejette selon
« qu'il prevoit cecy et cela. Quand nous attribuons une
« prescience à Dieu, nous signifions que toutes choses
« ont tousjours esté et demeurent eternellement en son
« regard, tellement qu'il n'y a rien de futur ne de passé
« à sa cognoissance : mais toutes choses luy sont pre-

« sentes, et tellement presentes qu'il ne les imagine point
« comme par quelques especes, ainsi que les choses que
« nous avons en memoire, nous viennent quasi au devant
« des yeux par imaginations : mais il les voit et regarde
« à la verité, comme si elles estoyent devant sa face.
« Nous disons que ceste prescience s'entend par tout
« le circuit du « monde, et sur toutescreatures. » (Liv. III,
« chap. XXI, § 5.)

Ainsi, pour Calvin, la prescience divine est une vision
objective au-dessus du temps et de l'espace, qui ne détermine en rien le cours des choses, tandis que la prédestination est un acte subjectif de la volonté divine
dans le temps et l'espace, qui détermine le cours de l'existence de l'univers, en particulier de la vie humaine.

*
* *

§ 9. — Elle est donc double, s'appliquant aux uns, pour
en faire des vases d'honneur, aux autres, pour en faire
des vases de colère. Calvin se sépare nettement de ceux
qui n'envisagent la prédestination que pour les élus;
écoutons-le :

« Or quand l'entendement humain oit ces choses, son
« intemperance ne se peut tenir de faire troubles et esmo-
« tions, comme si une trompette avoit sonné à l'assaut.
« Icy plusieurs faisans semblant de maintenir l'honneur
« de Dieu, à ce qu'il ne soit point chargé à tort, confes-
« sent bien l'élection : et cependant nient qu'aucuns
« soyent reprouvez. Or cela est trop sot et puerile : veu
« que l'election ne consisteroit point, si elle n'estoit mise
« à l'opposite de la reprobation. » (Liv. III, chap. XXIII,
« § 1.)

Et plus loin : « Davantage, ceux qui ne peuvent porter
« que Dieu en reprouve aucuns, comment se develop-
« peront-ils de ceste sentence de Christ : Toute arbre que
« mon Pere n'aura point plantée sera arrachée (Matth.
« 15, 13)? Ils oyent que tous ceux que le Pere n'a daigné
« planter en son champ comme arbres sacrées, sont
« ouvertement destinez à perdition. S'ils nient que
« cela ne soit signe de reprobation, il n'y aura rien si
« clair qui ne leur soit obscur. Mais s'ils ne cessent
« d'abbayer ou de gronder, que nostre foy se tienne en
« ceste sobrieté, d'escouter l'advertissement de sainct
« Paul : qu'il n'y a de quoy plaider contre Dieu, si d'un
« costé voulant monstrer son ire et manifester sa puis-
« sance, il supporte en grande patience et douceur les
« instrumens d'ire apprestez à perdition. (Rom. 9, 22) :
« et de l'autre costé, il demonstre les richesses de sa
« gloire envers les vaisseaux de misericorde, lesquels
« il a apprestez à gloire. » (Liv. III, chap. XXIII, § 1.)

*<br>* *

§ 10. — De la définition précédemment citée se dé-
duisent les caractères principaux de la prédestination
calviniste.

D'abord, c'est bien une prédestination ayant pour but
le salut éternel des élus et la condamnation éternelle des
damnés, soit la félicité de ceux-là et le châtiment de
ceux-ci. Il n'est pas question ici de châtiments à durée
plus ou moins longue, d'immortalité conditionnelle,
c'est-à-dire donnée aux élus et refusée aux damnés, ni
d'un rétablissement final; les termes de Calvin sont ex-
plicites à cet égard, ils n'ont pas dans ces chapitres
la prédestination une signification autre que dans

reste de son livre. Voici comment il dépeint la félicité des élus :

« Or pource que la prophetie sera lors accomplie en-
« tierement, où il est predit que la mort doit estre en-
« gloutie en victoire (Osée 13, 14 ; 1 Cor. 15, 54) : que nostre
« felicité *permanente* (c'est nous qui soulignons) nous
« vienne tousiours en memoire, comme c'est la fin de
« nostre resurrection. De l'excellence de laquelle quand
« on aura dit tout ce que pourront exprimer toutes lan-
« gues humaines, à grand'peine en aura-on touché la
« moindre partie. Car combien que l'Escriture enseigne
« que le royaume de Dieu est plein de clarté, joye, feli-
« cité et gloire, neantmoins tout ce qu'elle en dit est bien
« loin de nostre intelligence, et quasi enveloppé en figure,
« jusques à ce que le jour viendra auquel le Seigneur se
« declairera à nous face à face. Nous savons, dit sainct
« Jean, que nous sommes enfans de Dieu, mais il n'est
« pas encore apparu : quand nous serons semblables à
« luy, nous le verrons tel qu'il est » (1 Jean 3, 2). (Liv.
III, chap. XXV, § 10).

D'autre part, comme contraste, voici ce qu'il ecrit quant aux peines des damnés : « Or pour ce que nulle
« description ne suffiroit à bien exprimer l'horreur de
« la *vengeance* de Dieu sur les incredules, les tormens
« qu'ils doyvent endurer nous sont figurez par choses
« corporelles : assavoir par tenebres, pleurs, grince-
« mens de dens, feu eternel, et vers rongeans le cœur
« *incessamment* (Math., 8, 12 ; 22, 13 ; 3, 12 ; Marc. 9, 43-
« 44). Pourtant l'Apostre n'a pas dit une chose de petite
« consequence, disant que les infideles seront punis
« *eternellement*, en ce que la face du Seigneur et la
« gloire de sa vertu les persecutera (2 Thess. 1, 9). Par-

2

« quoy les miserables consciences ne peuvent trouver
« aucun repos, qu'elles ne soyent agitées et poussées
« comme de tourbillons, qu'elles ne se sentent comme
« deschirées de l'ire de Dieu, qu'elles ne soyent pointes
« et navrées de playes mortelles : bref qu'elles ne soyent
« effrayées et comme esperdues de la foudre du ciel, et
« qu'elles ne soyent brisées de la main puissante de
« Dieu : tellement qu'il seroit plus supportable d'estre
« abysmé en tous gouffres, que d'estre en telles frayeurs :
« et ne fust-ce que pour une minute de temps. Je vous
« prie, quelle punition leur est-ce, d'estre ainsi affligées
« et pressées à jamais sans remède ? » (Livre III, chapitre XXV, § 12.)

* *

§ 11. — De ce qui précède, il résulte clairement que
pour Calvin la prédestination est éternelle, au dessus de
la notion du temps, en dehors par conséquent des exis-
tences contingentes, et qu'elle n'a pas été motivée par
la chute d'Adam qui en est au contraire dépendante.
Calvin est donc Supralapsaire, il est de ceux qui croient
que la chute d'Adam fait partie du plan divin, il se sépare
ainsi des Infralapsaires, lesquels soutiennent que la
prédestination est la conséquence de la chute de nos
premiers parents.

« L'Escriture prononce haut et clair, que toutes crea-
« tures mortelles ont esté asservies à la mort en la per-
« sonne d'un homme. Puis que cela ne peut estre attri-
« bué à nature, il faut bien qu'il soit provenu du conseil
« admirable de Dieu. C'est une trop lourde inadvertence,
« que ces advocats qui s'ingerent pour maintenir la jus-
« tice de Dieu, s'arrestent tout court à un festu, et qu'ils
sautent par dessus des grosses trabes. Je leur demande

« derechef, dont il est advenu que la cheute d'Adam ait
« enveloppé avec soy tant de peuples avec leurs enfans
« sans aucun remede, sinon qu'il a pleu ainsi à Dieu.
« Il faut que ces langues tant habiles à babiller devien-
« nent muettes en cest endroit. Je confesse que ce decret
« nous doit espovanter : toutesfois on ne peut nier que
« Dieu n'ait preveu devant que creer l'homme, à quelle
« fin il devoit venir : et ne l'ait preveu, pource qu'il
« l'avoit ainsi ordonné en son conseil. Si quelcun accuse
« icy la previdence de Dieu, il fait temerairement. Car à
« quel propos sera blasmé le Juge celeste, pour n'avoir
« point ignoré les choses qui devoyent estre? S'il y a
« donc plainte aucune, ou juste, ou de quelque appa-
« rence, elle s'adresse plustost à son ordonnance. » (Liv.
III, chap. XXIII, § 7.)

Quelques théologiens antérieurs à Calvin avaient enseigné que Dieu ne veut point *la perdition* des réprouvés,
mais qu'il *la permet*. Calvin a soin de prévenir cette
confusion, Dieu *veut* la prédestination des méchants à
la damnation :

« Aucuns recourent icy à la difference de Volonté et
« Permission, disant que les iniques perissent, Dieu le
« permettant, mais non pas le voulant. Mais pourquoy
« dirons-nous qu'il le permet, sinon pource qu'il le veut?
« Combien que cela mesme ne soit point de soy vray-
« semblable, que c'est par la seule permission, et non
« par l'ordonnance de Dieu, que l'homme s'est acquis
« damnation : comme si Dieu n'avoit point ordonné de
« quelle condition il vouloit que fust la principale et plus
« noble de ses creatures. Je ne doute point donc de
« simplement confesser avec sainct Augustin, que la vo-
« lonté de Dieu est la necessité de toutes choses, et qu'il

« faut necessairement que ce qu'il a ordonné et voulu
« advienne, comme tout ce qu'il a preveu adviendra cer-
« tainement.» (Liv. III, chap. XXIII, § 8.)

**

§ 12. — La prédestination est irrévocable, définitive,
le chrétien ne peut l'éviter. C'est dans le § 11 du chapitre II du livre III que Calvin expose cette affirmation.
Il fait un parallèle entre la foi des réprouvés et la foi des
élus. La première peut avoir les apparences de la se-
conde, il condescend à reconnaître qu'il est difficile de
les distinguer l'une de l'autre, ce qui doit porter les
fidèles à l'humilité. Cependant, dit-il, il y a une diffé-
rence essentielle : « Parquoy comme Dieu regenere les
« eleus seulement à perpetuité par la semence incorru-
« ptible, et ne souffre que jamais ceste semence qu'il a
« plantée en leur cœurs perisse : aussi il n'y a doute
« qu'il ne seelle en leurs cœurs d'une façon speciale la
« certitude de sa grace, à ce qu'elle leur soit plenement
« ratifiee. Tandis qu'aux reprouvez il fait sentir sa mise-
« ricorde presente uniquement comme par une bouffée
« qui puis apres s'esvanouit.» (Liv. III, chap. II, § 11.)

Au reste, l'irrévocabilité de la prédestination au bien
ou au mal se déduit logiquement de ce que la prédestination est un décret éternel de Dieu, décret indépendant
de toute volonté créée; admettre que la prédestination
au bien puisse se perdre ou se gagner c'est implicitement
faire dépendre la prédestination de circonstances dues à
la création; Calvin a garde de tomber en cette contradiction.

***

§ 13. — Pour Calvin, la prédestination se rapporte à la nation, à la société et à l'individu : « Or Dieu a rendu
« tesmoignage de sa predestination, non seulement en cha-
« cune personne, mais en toute la lignée d'Abraham,
« laquelle il a mis pour exemple, que c'est à luy d'or-
« donner selon son bon plaisir quelle doit estre la con-
« dition d'un chacun peuple. Quant le Souverain divisoit
« les nations, ce dit Moyse, et partissoit les enfans
« d'Adam, sa portion a esté le peuple d'Israel, et le
« cordeau de son heritage (Deut. 32,8). L'election est
« toute patente: c'est qu'en la personne d'Abraham, com-
« me en un tronc tout sec et mort, un peuple est choisi et
« segregé d'avec les autres qui sont rejettez. La cause
« n'appert point, sinon que Moyse, afin d'abattre toute
« matiere de gloire, remonstre aux successeurs, que
« toute leur dignité gist en l'amour gratuite de Dieu·
« Car il assigne ceste cause de leur redemption, que Dieu
« a aimé leurs peres et a eslu leur lignée, apres eux
« (Deut. 4,37). Il parle plus expressement en un autre
« lieu, disant, Ce n'est pas que vous fussiez plus grans
« en nombre que les autres peuples, que Dieu a prins
« son plaisir en vous afin de vous choisir : mais d'autant
« qu'il vous a aimez. » (Deut. 7,8.)

Plus loin : « Adjoustons maintenant un second degré
« d'election qui ne s'est pas estendu tant au large, afin
« que la grace speciale de Dieu y eust tant plus de
« lustre : c'est que Dieu en a repudié aucuns de la lignée
« d'Abraham : et d'icelle mesme il en a entretenu les
« autres en son Eglise, afin de monstrer qu'il les rete-
« noit pour siens. » (Liv. III, chap. XXI, § 6.)

*
*

§ 14. — Après avoir affirmé la prédestination dans toute sa rigueur, Calvin nous expose sa réalisation, les moyens par lesquels elle est appliquée dans le cours du temps, voici le passage classique : « Touchant de la « sentence de Christ, que plusieurs sont appellez, et peu « d'esleus (Matth. 22,14) : il n'y aura nulle ambiguité. « s'il nous souvient de ce qui nous estre assez liquide, « assavoir qu'il y a double espece de vocation. Car il y a « la vocation universelle, qui gist en la predication « exterieure de l'Evangile, par laquelle le Seigneur « invite à soy tous hommes indifferemment : voire « mesme ceux ausquels il la propose en odeur de mort, « et pour matiere de plus grieve condamnation. Il y en « a une autre speciale, de laquelle il ne fait quasi que « les fideles participans, quand par la lumiere interieure « de son Esprit il fait que la doctrine soit enracinée en « leurs cœurs: combien qu'aucunes fois il use aussi « d'une telle vocation envers ceux qu'il illumine, pour « un temps : et puis apres, à cause de leur ingratitude, « il les delaisse et jette en plus grand aveuglement. » (Liv. III, chap. XXIV, § 8.)

Ce passage peut se résumer comme suit : Dieu nous appelle et invite tout le monde au salut afin de mieux prédestiner les uns à la damnation éternelle et les autres au salut éternel.

N'y a-t-il pas quelque chose de profondément immoral dans ce zèle de Dieu à délaisser toute une partie de l'humanité pour la plonger dans un plus grand aveuglement?

Singulière façon de glorifier Dieu que de rétrécir son

amour et d'exclure à tout jamais de la foi et du royaume
céleste certains êtres cruellement et injustement voués
à la perdition.

*<br>* *

§ 15. — La prédestination, loin d'être causée par la foi,
est elle-même la cause de la foi. « Je say que d'attribuer
« la foy aux reprouvez, il semble bien dur et estrange à
« aucuns, veu que sainct Paul la met pour fruict de nostre
« election (Thess. 1,4). Mais ce neud sera facile à des-
« lier, pour ce que combien qu'il n'y ait que ceux qui
« sont predestinez à salut que Dieu illumine en la foy,
« et ausquels il face vrayement sentir l'efficace de
« l'Evangile, toutesfois l'experience monstre que les re-
« prouvez sont quelquefois touchez quasi d'un pareil
« sentiment que les eleus, en sorte qu'à leur opinion
« ils doivent estre tenus du reng des fideles. Par ainsi
« il n'y a point d'absurdité en ce que l'Apostre dit, qu'ils
« goustent pour un temps les dons celestes : et en ce
« que Jesus-Christ dit qu'ils ont une foy temporelle
« (Hebr. 6, 4-6 ; Luc. 8, 13)…

« … Parquoy comme Dieu regenere les eleus seule-
« ment à perpetuité par la semence incorruptible, et ne
« souffre que jamais ceste semence qu'il a plantée en
« leur cœurs perisse : aussi il n'y a doute qu'il ne scelle
« en leurs cœurs d'une façon speciale la certitude de sa
« grace, à ce qu'elle leur soit plenement ratifiée…

« … Il n'y a que les eleus ausquels il face ce bien d'en-
« raciner la foy vive en leur cœur, pour les y faire per-
« severer jusqu'en la fin. » (Liv. III, chap. II, § 11.)

Non seulement, la prédestination est la source de la
foi, mais encore elle l'est des œuvres : « Nous pouvons

« donc ainsi arguer seurement : Puis qu'il nous a esleus
« à ce que nous fussions saincts, ce n'a pas esté d'autant
« qu'il nous prevoyoit devoir estre tels : car ces deux
« choses sont contraires, que les fideles ayent leur sainc-
« teté de l'election : et que par icelle saincteté ils ayent
« esté esleus...

« ... Il nous a appellez, dit-il, en sa vocation saincte :
« non pas selon nos œuvres, mais selon son plaisir et sa
« grace, laquelle nous a esté donnée en Christ de toute
« éternité (2 Tim. 1, 9). Et j'ai desja monstré que les
« parolles qu'il adjouste consequemment, c'est, afin que
« nous fussions saincts et immaculez : nous delivrent
« de tout scrupule. » (Liv. III, chap. XXII, § 3.)

*<sub>*</sub>*

§ 16. — La prédestination a pour cause le bon plaisir de
Dieu, sa libre volonté. C'est tout d'abord ce que l'on peut
inférer des déclarations de Calvin affirmant que les *esleus* ne sont choisis, ni à cause de leur foi, ni à cause de
leurs œuvres, ni à cause de telle autre considération
(voir les citations précédentes); ensuite des expressions
mêmes du réformateur : « Combien que nous ayons desja
« assez liquidé, que Dieu eslit en son conseil secret ceux
« que bon luy semble, en rejettant les autres. » (Liv. III,
chap. XXI, § 7.)

Plus loin : « Partout où regne ce bon plaisir de Dieu,
« nulles œuvres ne viennent en considération... Davan-
« tage, l'Apostre conferme encore plus ce qu'il avoit dit,
« adjoustant que Dieu nous a esleus selon le decret de
« sa volonté, qu'il avoit determiné en soy-mesme. Car
« cela vaut autant comme s'il disoit qu'il n'a rien con-
« sideré hors de soy-mesme, à quoy il ait eu esgard en

« faisant ceste deliberation. (Liv. III. chap. XXII, § 3.)
« Nous avons des parolles de l'Apostre, que le salut des
« fideles est fondé sur le bon plaisir de l'election de
« Dieu : et que ceste faveur ne leur est point acquise par
« aucunes œuvres, mais leur vient de sa bonté gratuite. »
(Liv. III, chap. XXII, § 5.)

L'on pourrait citer beaucoup d'autres passages, mais
ceux-ci suffisent.

*<br>* *

§ 17. — Maintenant, quel est le but de la prédestination ?

Serait-ce de tourmenter certaines âmes pour le plaisir
de les voir souffrir ? Non, Calvin n'exprime cette pensée
nulle part, quoiqu'il parle de la *vengeance* de Dieu à
l'égard des damnés.

Sera-ce donc pour jouir de la félicité des élus ? Assurément Calvin ne songe pas à nier que le salut des élus
ne soit une cause de plaisir pour Dieu. Cependant ce
n'est pas là le but de la prédestination. Le décret de
Dieu, par lequel les élus sont prédestinés à la gloire
éternelle, a pour but la gloire de Dieu. Le Dieu de Calvin.
dans ses rapports avec la prédestination, est un Dieu
indifférent à la damnation des réprouvés et au salut des
élus ; il n'a d'autre souci que sa gloire. C'est pour elle
que Dieu institue le malheur éternel des uns, le bonheur
sans fin des autres ; celui-ci et celui-là concourent à
mettre en relief sa puissance et à la faire éclater dans la
souffrance comme dans la joie de ses créatures qui sont
ainsi humiliées dans les deux plus grandes émotions de
l'âme, la douleur et la félicité : « Et voilà pourquoy en
« un autre lieu notamment il dit, La foy des esleus (Tite
« 1,1) : afin qu'il ne semble que chacun s'acquiere la foy

« de son propre mouvement, mais que ceste gloire reside
« en Dieu, que ceux qu'il a esleus sont gratuitement
« illuminez par luy.(Liv. III, chap. XXII, § 10.)

« Davantage ayant meu ceste question, assavoir si
« Dieu est injuste, il n'allegue point que Dieu a rendu à
« Esau selon sa malice (en quoy estoit la plus claire et
« certaine défense de l'equité de Dieu) : mais il amene
« une solution toute diverse, c'est que Dieu suscite les
« reprouvez, afin d'*exalter en eux sa gloire*. Finale-
« ment il adjouste pour conclusion, que Dieu fait mise-
« ricorde à qui bon luy semble, et endurcist qui bon luy
« semble (Rom. 9, 18). Nous voyons comme il remet
« l'un et l'autre sur le bon plaisir de Dieu. » (Liv. III,
chap. XXII. § 11.)

Nous pensons avoir indiqué les principaux caractères
de la prédestination d'après Calvin, les points secon-
daires seront pris dans la partie critique de notre travail.
Mais avant de l'aborder, nous ferons une briève comparaison de la prédestination calviniste avec ce même
dogme pris dans la pensée d'Augustin, de Luther et
de Zwingle.

CHAPITRE II

# ETUDE COMPARATIVE DE LA PRÉDESTINATION
# CALVINISTE

§ 18. — Quoique assez éloignés l'un de l'autre par
leur conception métaphysique, Augustin ayant été
nourri de l'influence de la philosophie grecque, Calvin
et l'illustre Père de l'Eglise ont dans les traits essentiels,
les mêmes opinions touchant la prédestination. Tous
deux posent la base anthropologique d'une corruption
totale de l'humanité, telle que l'homme n'a ni la volonté,
ni le pouvoir de faire le bien, la grâce seule peut lui
donner le désir de s'amender en agissant en lui par les
moyens extérieurs de la prédestination et par une opé-
ration intérieure : « Nec voluit Deus sanctos suos in vi-
« ribus suis, sed in ipso gloriari. Tantùm quippe Spiritu
« Sancto accenditur voluntas eorum, ut ideo possint,
« quia sic volunt; ideo sic velint, quia Deus operatur ut
« velint. » (De correptione et gratià c. 12). Puis « Non
« lege et doctrina forinsecus, sed internà atque occultà,
« mirabili ac ineffabili potestate, operari Deum in cor-

« dibus hominum non solùm veras revelationes, sed
« etiam bonas voluntates. » (De gratià Dei C. 24.)

C'est bien la même pensée que Calvin exprime par sa
théorie de la double vocation (Ins. chr. liv. III,
ch. XXIV §. 8); et quant à la corruption totale de l'humanité, Calvin a absolument la même opinion que saint
Augustin. Il faudrait citer tout le chapitre III du
liv. II, chapitre dont voici le titre « Que la nature de
l'homme corrompue ne produit rien qui ne merite condamnation. »

Comme pour Calvin, l'élection produit la sanctifica-
tion, et elle est irrésistible. (Augustin, de peccat. meritis,
lib, II, c. 5 et de correptio. et gratià, c. 14). Les termes
dans lesquels Augustin définit la prédestination sont
identiques par le sens à la définition calviniste : « Elegit
« nos deus in Christo ante mundi constitutionem, prae-
« destinans nos in adoptionem filiorum : non quia per
« nos sancti et immaculati futuri eramus, sed elegit prae-
« destinavitque ut essemus. Fecit autem hoc secundùm
« placitum voluntatis suae, ut nemo de suà, sed de illius
« erga se voluntate glorietur. »

Développez cette formule, si concise et si précise
au point de vue théologique, et vous en ferez sortir toutes
les thèses principales de la doctrine de Calvin.

* *

§ 19. — Il n'y a pas de parallélisme exact entre Calvin
et Luther; sans doute que le fond est essentiellement le
même, mais le point de vue est différent. Pour Calvin
c'est une logique impitoyable; pour Luther c'est le sentiment religieux. Calvin paraît être arrivé à la réforme
par la voie dialectique, nous ne connaissons pas chez

lui de violente crise religieuse. Son développement est graduel, il suit celui de la pensée; devenu réformateur, sa doctrine continue à se créer par le raisonnement. Semblable au mathématicien qui crée l'édifice de sa géométrie en déduisant toutes ses conclusions de quelque prémisse, Calvin édifie le dogme de la prédestination par une méthode analogue; aussi bien, personne ne l'a t-il présenté avec une pareille netteté et une pareille précision. Les plus monstrueuses déductions dogmatiques le laissent froid; son enthousiasme pour son dogme favori a quelque chose d'impersonnel; il va délibérément jusqu'au bout de sa voie sans atténuer, en rien, les traits saillants et répulsifs de sa théologie.

Luther est plus humain, moins impersonnel. L'on sait qu'il arriva à la réforme par une violente crise religieuse où la dialectique n'eût aucune place, et où le sentiment de la grâce joua le rôle principal. Que faut-il faire pour être sauvé? telle est la question qui se posa au réformateur allemand et à laquelle il répondit par l'expérience personnelle. Il comprit que dans la voie des œuvres il ne pouvait trouver la paix du cœur, aussi, le jour où il accepta la grâce de Dieu par la foi, ce jour-là éprouva-t-il un bonheur et une paix sans mélanges. C'est cette expérience qui l'a amené à relever la justification par la foi que Rome avait trop laissée dans l'ombre.

Luther fut toute sa vie pénétré de cette origine religieuse de sa foi.

Sans doute que, comme Calvin, il admet la corruption totale de l'homme, l'impossibilité d'être sauvé par les œuvres, la gratuité du salut, la puissance de la grâce, tant pour le salut que pour la justification, le décret

éternel par lequel les uns sont élus et les autres réprouvés, mais chez lui l'accent est un accent religieux. La
prédestination est une œuvre de grâce pour le salut, elle
n'a pas pour cause le bon plaisir de Dieu et pour but sa
glorification par la félicité des uns et la damnation des
autres, mais plutôt la joie divine de sauver des pécheurs.
Ce sentiment s'accentue chez Luther à mesure qu'il
vieillit; peu à peu il abandonne et passe sous silence le
redoutable dogme pour insister de plus en plus sur les
moyens de grâce, à savoir, la prédication, la prière et
les sacrements. (Comparez son « De servo arbitrio » à
ses derniers écrits.)

Luther est plus semblable à Paul que ne l'est Calvin.
Le Père de la réforme et l'illustre apôtre des gentils
entrent tous deux dans le monde de la grâce divine
par une crise religieuse anéantissant l'homme et le ré-
générant en créature nouvelle. Tous deux sont prédes-
tinatiens, tous deux reconnaissent à regret la corruption
des hommes, tous deux se réjouissent que la grâce en
arrache quelques-uns à la perdition. Ils affirment que
le désir divin est le salut de tous les hommes, de tous les
pécheurs, que l'Evangile en est le moyen; aussi ils
n'insistent sur la prédestination que pour mieux appuyer sur la grâce et l'Evangile qui ainsi ont chez eux
la première place, au lieu d'être, comme chez Calvin,
subordonnés à la prédestination.

*<br>* *

§ 20. — Nul n'a poussé plus loin, que Zwingle, les
côtés antimoraux de la prédestination; sous sa plume
ce dogme devient un sombre fatalisme se distinguant à
peine du panthéisme auquel l'éducation scolastique du

réformateur Suisse l'entraînait. C'est ainsi qu'il dit :
« Dieu est l'être absolu, il est seul bon de nature et tout
« ce qui est vraiment bon est de Dieu; tout ce qui est
« hors de Dieu, toutes les créatures ne sont bonnes que
« pour autant qu'elles tiennent leur être de Lui.» (De providentia.)

On croirait lire quelque passage des philosophes de
l'école d'Elée; Parménide n'eût pas exposé autrement
sa doctrine de l'être absolu. De cette conception de Dieu,
en tant qu'être absolu, découlait comme conséquence
que Dieu était la cause du mal : « Lorsque nous disons
« que c'est la Providence qui a fait tel ou tel crime com-
« mis par l'homme, nous parlons improprement ; car,
« pour autant que c'est le fait de Dieu, ce n'est pas un
« crime, puisque comme juste, il n'est soumis à aucune
« loi. Le crime, que ce soit un meurtre, ou un adultère,
« dont Dieu est l'auteur ou l'incitateur, n'est pas le
« crime, mais il est crime pour autant qu'il est le fait
« de l'homme.» (De providentia.)

Ce passage nie la réalité du mal puisque il n'est plus
mal lorsque Dieu le fait. Les plus sombres passages
des philosophies panthéistes de l'Inde ancienne n'ont
rien de plus fort. On croit rêver en lisant de telles élu-
cubrations. Jamais Calvin n'a formulé de pareilles
opinions; il sait demeurer dans les limites du théisme,
et en même temps laisser au mal sa réalité entière.

Les autres points du dogme de la prédestination sont
à peu près identiques chez les deux réformateurs.

Il serait sans doute intéressant de comparer Calvin
aux théologiens luthériens ou réformés qui lui furent
postérieurs. Disons simplement que le dogme qui nous
occupe fut plutôt atténué dans l'Eglise luthérienne et

accentué chez les réformés, où il trouva ses dernières définitions dans les canons du *Synode de Dordrecht* (1618-1619) et la *Formula consensus helvetica* (1674), œuvre de Heidegger et de Turretin.

Voici, en propres termes, ce qu'il est dit dans l'art. VII de la *Confession de foi des églises réformées 'des Pays-Bas* : « Or l'Election est le Propos Immuable de « Dieu, par lequel, selon le très libre Bon plaisir de sa « Volonté et de pure Grâce, il a esleu en Jésus-Christ à « Salut devant la fondation du monde, d'entre tout le « Genre Humain descheu par sa propre faute de sa première « Integrité en Péché et Perdition, une certaine multi- « tude d'aucuns Hommes, ni meilleurs, ni plus dignes « que les autres, ains qui avec iceux estoyent gisans « en une mesme Misere. »

Et à l'art, X : « Or la Cause de ceste Election gratuite, « est le seul bon plaisir de Dieu, ne consistant point en « ce qu'il a choisi pour conditions de salut certaines « qualitez, ou Actions Humaines d'entre toutes celles « qui sont possibles; mais en cecy, qu'il a pris à soy en « Héritage particulier certaines Personnes d'entre la « commune multitude des Pécheurs. »

CHAPITRE III

# ETUDE CRITIQUE DE LA PRÉDESTINATION
# D'APRÈS CALVIN

§ 21. — Ce n'est pas sans motifs que Calvin est arrivé
à ériger le dogme de la prédestination dans sa logique
la plus rigoureuse. Deux motifs principaux l'ont engagé
dans cette voie :

1o la vue de l'état de corruption de l'humanité;

2o le désir d'affirmer la notion de la gloire de Dieu.

Nous disons, d'abord, l'*état de corruption de l'humanité*. Cette corruption lui paraît si profonde que
l'homme ne peut en sortir, et qu'ainsi il court fatalement à sa perte; d'où il suit que la grâce de Dieu seule
sauve ceux qui échappent à cette ruine. Cette puissance
du péché remonte à Adam : « Parquoy d'autant qu'en
« luy l'image celeste a esté effacée, il n'a pas enduré
« luy seul ceste punition, qu'au lieu qu'il avoit esté doué
« et revestu de sagesse, vertu, verité, saincteté et ius-
« tice ces pestes detestables ayant dominé en luy, aveu-
« glement, defaillance à tout bien, immondicité, vanité
« et iniustice : mais aussi a envelopé, voire plongé en

« pareilles miseres toute sa liguée. C'est la corruption
« hereditaire que les anciens ont nommé Peché originel,
« entendons par ce mot de Peché une depravation de
« nature, laquelle estoit bonne et pure auparavant »
(Liv. II, chap. I, § 5.)

Et plus loin : « Nous oyons que la souillure des peres
« parvient tellement aux enfans de lignée en lignée, que
« tous sans exception en sont entachez dés leur origine.»
(Liv. II, chap. I, § 6.)

Voilà donc l'universalité du péché dûment constatée.
Voici maintenant en quels termes Calvin en définit
l'intensité : « Nous dirons doncque le peché original est
« une corruption et perversité hereditaire de nostre
« nature, laquelle estant espandue sur toutes les parties
« de l'ame nous fait coulpables premierement de l'ire de
« Dieu, puis apres produit en nous les œuvres que l'Es-
« criture appelle Œuvres de la chair. Et est proprement
« cela que sainct Paul appelle souventes fois Peché,
« sans adiouster Originel. Les œuvres qui en sortent,
« comme sont adulteres, paillardises, larrecins, haines,
« meurtres, et gourmandises (Gal. 5, 19), il les appelle,
« selon ceste raison, Fruicts de péché..... Il nous faudra
« distinctement considerer ces deux choses : c'est assavoir
« que nous sommes tellement corrompus en toutes les
« parties de nostre nature, que pour ceste corruption
« nous sommes à bonne cause damnnables devant Dieu,
« auquel rien n'est agreable sinon iustice, innocence et
« pureté..... L'autre poinct que nous avons à considerer,
« c'est que ceste perversité n'est iamais oisive en nous,
« mais engendre continuellement nouveaux fruicts,
« assavoir icelles œuvres de la chair que avons nagueres
« decrites : tout ainsi qu'une fornaise ardente sans

« cesse jette flambe et estincelles, et une source jette
« son eau..... car nostre nature n'est pas seulement vuide
« et destituée de tous biens, mais elle est tellement fer-
« tile en toute espece de mal, qu'elle ne peut estre
« oisive. » (Liv. II, chap. I, § 8.)

Cette corruption est tellement complète qu'elle a
absolument dépouillé l'homme de toute liberté, de
tout *franc-arbitre*, selon l'expression de Calvin. Avec
une richesse d'arguments inépuisable, Calvin s'efforce
de prouver cette absence de franc-arbitre et de réfuter
les arguments qu'on pourrait lui opposer. Les chapitres
II et III du livre II de l'Institution sont consacrés à affirmer et à défendre l'opinion que l'homme est totalement
dépourvu de franc-arbitre. Il faudrait tout citer, nous
nous bornerons à ces paroles : « La volonté donc, selon
« qu'elle est liée et tenue captive en servitude de peché,
« ne se peut aucunement remuer à bien, tant s'en faut
« qu'elle s'y applique. Car un tel mouvement est le com-
« mencement de nostre conversion à Dieu, laquelle est
« du tout attribuée à la grace du sainct Esprit par l'Ecri-
« ture : comme Jérémie prie le Seigneur qu'il le con-
« vertisse. Pour laquelle raison le Prophete au mesme
« chapitre, descrivant la redemption spirituelle des
« fideles, dit qu'ils ont esté rachetez de la main d'un plus
« fort : denotant par cela combien le pecheur est lié
« estroitement pour le temps qu'estant delaissé de Dieu
« il demeure sous le ioug du diable, neantmoins la vo-
« lonté demeure tousiours à l'homme, laquelle est en-
« cline à peché, voire pour s'y haster... vouloir le bien
« est d'amendement : vouloir le mal est de nostre de-
« faut... vouloir le mal, est de la nature corrompue ;
« vouloir le bien, est de grace... Or ce que ie dy, la

« volonté estre despouillée de liberté et necessairement
« estre tirée au mal, c'est merveille si quelcun trouve
« ceste maniere de parler estrange, laquelle n'a nulle
« absurdité, et a esté usitée des anciens Docteurs... Il
« est notoire que l'homme est subiet à la necessité de
« pecher. » (Liv. II, chap. III, § 5.)

Ainsi, selon Calvin, l'homme est voué au mal, il est, de ce chef, dépouillé de toute liberté ; il ne peut pas faire le bien, il ne peut même pas le désirer : cette déchéance est universelle. Une telle notion devait fatalement entraîner le réformateur au dogme de la prédestination. En effet, par nature, tous les hommes sont pécheurs ; cependant l'Ecriture nous dit que quelques-uns sont sauvés ; mais leur salut ne peut leur être attribué, puisque leur volonté est incapable de le désirer et de l'acquérir ; il vient donc de la grâce de Dieu.

Les personnes en qui la grâce de Dieu agit à salut, ont-elles quelques titres de plus que les autres à être les sujets de la grâce de Dieu ?

Non, puisqu'elles sont corrompues tout autant que celles qui ne l'ont pas. Ainsi elles sont sauvées par un acte arbitraire de la volonté divine, elles sont élues, prédestinées au salut, sans qu'il y ait aucune raison personnelle qui les désigne à cette prédestination.

§ 22. — Si Calvin admet qu'un certain nombre d'âmes sont choisies pour être sauvées, et les autres laissées dans la perdition, c'est, en second lieu, pour défendre la *notion de la gloire de Dieu.*

Dans la prédestination, la gloire divine éclate de deux manières, parce qu'en vouant à la perdition les damnés, Dieu montre par là que sa sainteté, offensée par les pécheurs, est vengée par leur perdition, puis, parce qu'en sauvant les élus, sa volonté surpasse la puissance du péché. Dieu demeure ainsi souverain en tout, sa gloire n'est point diminuée par l'existence du mal.

Le respect de la gloire de Dieu est la préoccupation constante de Calvin. C'est elle qu'il veut faire triompher dans le gouvernement de Genève. C'est à la gloire de Dieu que, dans l'Institution chrétiennne, il a recours, lorsqu'à bout d'arguments, il veut frapper le coup décisif qui réduira ses adversaires au silence. Dieu prend son bon plaisir à agir selon sa volonté, afin qu'à lui seul toute gloire soit reconnue : « **Si** on demande quelque « cause plus haute, pourquoy les uns sont esleus plus- « tos que les autres, sainct Paul respond que Dieu les a « ainsi predestinez selon son bon plaisir. » (Liv. III, chap. 22, § 2.)

« Toute la somme de nostre election doit se referer à. « ce but : c'est que nous soyons en louange à la grace de « Dieu. Certes, la grace de Dieu merite pas d'estre seule « exaltée en nostre election, sinon que ceste election soit « gratuite. » (Liv. III, chap. 22, § 3.) « Et c'est ce que « ie disoye du commencement qu'il faut tousiours reve- « nir au seul plaisir de Dieu, duquel il tient la cause « cachée en soymesme. » (Liv. III, chap. 23, § 4).

« Si Dieu prevoyoit seulement ce qui advient aux « hommes, sans le disposer et ordonner pour son bon « plaisir, ceste question ne serait pas agitée sans propos « assavoir qu'elle necessité induiroit la providence de « Dieu. » (Liv. III, chap. 23, § 6.)

§ 23. Calvin prétend donc que, par suite de la chute, l'homme a perdu tout libre arbitre, à ce point que, sa volonté enchaînée au mal, ne peut même pas désirer le bien. Or c'est là une affirmation contredite par tout un un ensemble de faits. D'abord, par l'expérience intime, par la conscience du moi qui s'affirme, surtout dans les actes de la volonté. Je veux, j'agis, voilà certainement l'acte essentiel qui caractérise la personnalité humaine, le moi humain. Retrancher le libre arbitre de la personnalité humaine, c'est détruire celle-ci, et faire de l'homme un automate, ou un être objet perpétuel de la plus décevante des hallucinations.

Calvin ruine ensuite la morale et la loi.

Comment établir les devoirs de la morale sur une autre base que celle le de la liberté morale? Dire à son prochain : Tu dois faire cela, c'est lui dire : tu peux faire cela ; c'est faire appel à sa volonté. Le langage qui est l'expression de la nature psychologique de l'homme, n'eut certes pas eu ces mots de devoir, volonté, responsabilité, si la réalité ne répondait pas à l'expression. Où donc est la raison d'être de la législation dans la pensée de Calvin, refusant toute détermination à l'homme ?

Comme la morale, la loi suppose chez l'homme une volonté suffisante pour réaliser les dispositions du code, sans quoi elle ne les prescrirait pas.

Où donc est la sanction morale de la conscience dans l'éthique, et où donc est la sanction pénale dans la loi, si l'homme n'a pas de libre arbitre, et partant aucune responsabilité ?

Elle ne peut exister, ou si elle est exigée, elle est une monstrueuse iniquité. Calvin est certes un génie de premier ordre, mais en se mettant en contradiction avec le consensus de l'humanité entière, il a fait fausse route.

La négation du libre arbitre détruit la notion du péché. Qu'est-ce que le péché, sinon un acte de la volonté humaine, acte commis contre la volonté de Dieu?

Calvin le reconnaît si bien, qu'il réfute longuement l'opinion de Platon, qui veut que les hommes fassent le mal par ignorance du bien. Supprimer le libre arbitre, c'est supprimer le péché ; supprimer le péché, c'est supprimer le jugement de. Dieu, c'est ouvrir, dans l'Eglise chrétienne, la porte à tous les excès de l'immoralité.

A la base de la gloire divine, Calvin place le bon plaisir de Dieu. Dieu perd les uns, il sauve les autres ; sa gloire éclate dans son bon plaisir. Il nous paraît que c'est attenter à la sainteté de Dieu que de soutenir une telle doctrine. Une chose est-elle bien, une autre mauvaise parce que c'est uniquement le bon plaisir de Dieu ?

Non, certes. Pour que la volonté divine s'impose à notre respect, et qu'elle puisse exiger l'obéissance en tout, il faut que cette volonté soit en conformité avec le bien des créatures que Dieu appelle à l'existence ; autrement, il y aurait contradiction dans la volonté de Dieu qui assignerait un but aux créatures, celui d'atteindre à la réalisation de leurs aspirations, et d'autre part, agirait à l'encontre de ce but. Tel est pourtant le résultat auquel aboutit la prédestination calviniste.

En créant l'homme, Dieu l'a doué d'aspirations au bonheur : par la prédestination au mal, Dieu détruit son œuvre. Dans la prédestination selon le bon plaisir de Dieu, ce bon plaisir répugne à la conscience comme étant contraire au bien des hommes, c'est un élément contradictoire dans la volonté divine, c'est un élément de désordre dans le gouvernement divin.

CHAPITRE IV

# LA BIBLE ET LA PRÉDESTINATION

§ 24. — Ce n'est certainement pas de l'observation
de la société humaine que Calvin a pu déduire le dogme
de la prédestination, car l'observation de la réalité lui
eut montré d'une manière irréfutable l'existence d'une
liberté morale suffisante pour réfuter pratiquement la
prédestination absolue. Ce ne peut donc être que dans
la Bible que Calvin a trouvé la base de son dogme pré-
féré. Cela ressort de la lecture des chapitres qu'il a
consacré à la prédestination dans son Institution chrétienne ainsi que du titre du chapitre XXII. « Confirma-
« tion de ceste doctrine par lesmoignages de l'Escriture»

Calvin met la Bible entière à contribution, cherchant
partout les passages qui lui permettent d'appuyer son
opinion; quelques uns n'ont qu'un rapport très éloigné
avec la prédestination, comme Prov. 25/27. Mais c'est
principalement les écrits de saint Paul qu'il met à contribution, surtout le chapitre IX de l'épitre aux Romains.

Dans les citations et dans l'exégèse des passages de
l'A.t. que Calvin présente à l'appui de sa thèse (par
exemple. Deut 32/8, 4/37, 10/14,15, Ps. 47/5, 1 Sam 12/22,

Esaie 14/1), etc. Calvin confond, il nous semble, la prédestination individuelle au mal et à la perdition totale avec le rôle historique du peuple Israélite dans la propagation du Royaume de Dieu. De ce que le peuple d'Israël a été choisi comme le propagateur de ce Règne, il ne s'ensuit pas la prédestination individuelle de tel ou tel Israélite, encore moins de tel ou tel chrétien. Ce sont là deux ordres de choses différents. Cette même confusion reparaît dans l'exégèse de Calvin relative aux divers passages des épitres de Paul. D'ailleurs, c'était l'exégèse de son temps, laquelle était guidée par les considérations dogmatiques et non par des considérations tirées de la théologie biblique.

§ 25. — Pour les textes décisifs en faveur de la prédestination, c'est surtout à saint-Paul que Calvin a recours-il en revient fréquemment à l'épitre aux Romains et surtout au chap. IX.

Mais cet appui est-il bien solide? Saint Paul a-t-il bien en vue la prédestination dans ces passages cités par tous les partisans du dogme en question?

C'est douteux.

L'argumentation de l'apôtre des gentils a pour but de prouver que dans l'œuvre du salut Dieu *peut* se passer de la part des œuvres humaines, et que dans ce domaine, l'homme n'a aucune condition à lui poser.

Paul s'efforce de prouver cette thèse par l'exemple du peuple d'Israël choisi pour être le porteur du Royaume de Dieu et par l'exemple d'Esaü et de Jacob, ou encore des vases et du potier. Mais, affirmer que Dieu *peut* se passer de la coopération humaine dans l'œuvre du salut, ce n'est pas affirmer *ipso-facto* que Dieu *veut* s'en passer. C'est si peu identique que saint Paul insiste sur les œuvres en tant que conséquence de la foi, comme nous le montre la partie parénétique de l'épitre aux Romains et de plusieurs autres. Paul va même jusqu'à dire que ceux qui soutiennent qu'il affirme le salut sans les œuvres le calomnient. Puisque Dieu veut les œuvres, c'est qu'il a donné à l'homme la volonté d'agir, il a la liberté. Dieu jugera tous les hommes, dit saint Paul, selon leurs œuvres, c'est donc qu'Il veut les œuvres bonnes et que, par conséquent, l'homme en a la connaissance et la puissance de les faire. Ce n'est donc pas la prédestination que Paul a voulu prouver, mais la puissance de Dieu. Il a même considéré cette puissance sous sa forme absolue, telle que l'exigeait la polémique contre la loi, mais non dans la réalité où Dieu borne cette toute puissance en admettant la volonté humaine dans le domaine moral. L'apôtre argumente, mais ne décrit pas la réalité.

Au reste, de ce que Dieu s'est servi de Pharaon pour exalter sa gloire, s'ensuit-il nécessairement que Pharaon ait été prédestiné fatalement à cela?

Assurément pas, car Dieu a pu choisir le roi de l'ancienne Egypte uniquement parce qu'il s'était mis dans les circonstances les plus convenables pour être l'exécuteur du plan divin. Christ a guéri des malades, voilà certes un fait indubitable; en tirerons-nous la conséquence que ces personnes ont été prédestinées à devenir malades à telle date, pour être l'objet de la guérison par le sauveur, ou qu'elles ont été crées pour cela, ou encore que si Jésus n'eut pas passé par là, à ce moment, pour les guérir miraculeusement, elles eussent été vouées à une mort certaine?

Nous ne croyons pas que personne songe à faire une

telle exégèse des récits de guérisons miraculeuses, et il nous paraît qu'il en est de même des exemples cités par Paul, quand on les applique spécialement à la prédestination. Nous pensons donc que Calvin a tort de voir dans les passages de saint Paul cités par lui la preuve indubitable que l'apôtre des gentils ait voulu parler de la prédestination.

§ 26 — La Bible entière est conforme au point de vue de saint Paul. Elle pose comme principe que la puissance de Dieu est absolue ; le récit de la création n'est pas autre chose que la forme concrète de cette affirmation. Cette toute puissance de Dieu se manifeste chaque fois que l'homme veut s'y opposer. L'Eternel disperse les peuples qui, au pied de la tour de Babel, érigeaient leur puissance en divinité ; Il détruit la puissance du Pharaon qui s'oppose à la sortie d'Egypte du peuple d'Israël ; Il anéantit les peuples païens qui, en voulant exterminer les Israëlites, se mettent en travers des plans divins ; Il substitue les gentils aux juifs qui refusent de se ranger sous l'Evangile de Christ ; l'apocalypse enfin nous montre cette puissance absolue de Dieu se déroulant à travers l'histoire pour vaincre le mal.

La toute-puissance de Dieu est réelle, elle est nécessaire au gouvernement physique de l'univers matériel, elle l'est encore plus au gouvernement moral du monde des hommes et des esprits, car sans cette toute-puissance, le mal contrebalancerait perpétuellement le bien et ne serait jamais vaincu. La Bible est, en ceci, parfaitement d'accord avec une saine ontologie. Cependant il ne faut pas oublier que la toute-puissance de Dieu, quoique absolue, est considérée par la Bible comme étant, en ce qui concerne le gouvernement moral de l'humanité, plutôt virtuelle, c'est-à-dire comme une réserve qu'Il met en action quand il faut nécessairement briser une volonté personnelle autre que la sienne, s'arrogeant un droit qu'elle n'a pas. C'est le cas, par exemple, lorsque dans sa toute-puissance, Il détruit par le déluge une humanité perverse, et s'en crée une nouvelle par la descendance de Noé. Mais, c'est tout exceptionnellement qu'il agit ainsi, car, dans le cours ordinaire des choses, Dieu veut que sa volonté toute-puissante laisse une place à la volonté de ses créatures. Les déterminations de la volonté constituent la liberté humaine, base de la morale et du jugement de Dieu. C'est cette liberté qui constitue la ressemblance de l'homme avec Dieu et qui le distingue des animaux.

Calvin a complètement méconnu ce point de vue qui ressort cependant bien nettement de la Bible.

§ 27. — Il n'est pas juste de prétendre que Dieu se sert de sa puissance principalement pour faire éclater sa gloire ; mais l'emploi de cette toute-puissance est tempérée par l'amour de Dieu pour les hommes. Le but du gouvernement divin n'est pas la gloire divine, mais le bonheur des créatures que Dieu a appelées à l'existence, bonheur compatible avec la justice et la charité. « Dieu est amour » dit saint Jean, « Dieu est notre Père céleste » dit le Christ ; Il ne veut pas la mort du pécheur, mais qu'il se repente et qu'il vive. — C'est là la pensée maîtresse qui, dans la Bible, règle les rapports de Dieu et des hommes. Il veut le salut de tous ; aucun n'est donc prédestiné au mal, tous sont prédestinés au bien. Si les hommes se perdent, c'est contre le désir de Dieu, quoiqu'Il permette ce funeste sort, non afin de faire éclater sa gloire, mais pour respecter la dignité humaine caractérisée par la liberté morale.

Il est si vrai que le désir de Dieu est le salut de tous les hommes et non la prédestination au mal, pour la plupart, que les grandes manifestations de sa toute-puissance ont eu pour but de faciliter à l'homme la possession du salut. En la personne d'Abraham et de ses descendants, Il crée un peuple qui doit réaliser le règne de Dieu. — En Christ, il réalise les conditions objectives de la délivrance du péché, par conséquent du salut. Par le Saint-Esprit, il dispense l'agent de ce salut, et par l'Eglise les appelle à la foi. Est-ce là l'expression du Dieu impitoyable de Calvin, prédestinant la presque totalité des hommes, à seule fin de faire éclater sa gloire dans leurs souffrances ou dans leur perdition ?

N'est-ce pas plutôt la dispensation d'un Dieu d'amour qui use de sa puissance pour le salut de ses enfants !

# CONCLUSION

§ 28. — La conclusion s'impose d'elle-même.

En effet, nous avons pu constater que le dogme de la prédestination calviniste est en opposition avec la réalité, laquelle nous révèle par l'observation psychologique la présence d'une volonté humaine capable du bien tout autant que du mal ; que par conséquent, il y a une liberté humaine qui, tout en étant la négation de la prédestination selon Calvin, est la base de toutes morales et de toutes législations, lesquelles sont au contraire, rayées par le dogme prédestinatien du réformateur de Genève.

Nous en concluons que de ce premier chef, ce dogme est faux et présente de grands dangers pour la morale, et que par conséquent, il ne saurait prendre place dans l'enseignement religieux ou dans la prédication.

D'autre part, lorsqu'on considère que ce dogme fait tomber toutes les dispensations de l'amour de Dieu à l'égard de l'homme, on ne peut que repousser son emploi dans la prédication et la cure d'âme. Tandis que, la mention de l'amour et de la grâce de Dieu relèvent l'âme abattue, consolent les cœurs affligés, la prédestination les accable sous le despotisme capricieux d'un Dieu sans miséricorde. Non seulement, ce dogme peut amener les âmes au désespoir, mais, il est opposé à la Bible prise dans son ensemble, de sorte qu'il pourrait nuire au respect de la Parole de Dieu ou tout au moins la présenter sous un jour incomplet.

Vu :
*Le Président de la soutenance,*
EUG. EHRHARDT

Vu, pour le Doyen :
*l'Assesseur,*
MÉNÉGOZ

Vu et permis d'imprimer :
*le Vice-Recteur de l'Académie de Paris,*
GRÉARD.

# TABLE DES MATIÈRES




Imprimé par les SOURDS-MUETS, (J.Witschy). 31, villa d'Alesia, Paris-XIV·